MEL BAY PUBLICATIONS, INC.

MEL BAY PUBLICATIONS, INC.

MEL BAY PUBLICATIONS, INC.

MEL BAY

MEL BAY PUBLICATIONS, INC.

MEL BAY PUBLICATIONS, INC.

MEL BAY PUBLICATIONS, INC.

MEL BAY PUBLICATIONS, INC.

MEL BAY PUBLICATIONS, INC.

MEL BAY PUBLICATIONS, INC.

MEL BAY PUBLICATIONS, INC.

MEL BAY PUBLICATIONS, INC.

MEL BAY PUBLICATIONS, INC.

MEL BAY PUBLICATIONS, INC.

MEL BAY PUBLICATIONS, INC.

MEL BAY PUBLICATIONS, INC.

MEL BAY PUBLICATIONS, INC.

MEL BAY PUBLICATIONS, INC.

MEL BAY PUBLICATIONS, INC.

MEL BAY PUBLICATIONS, INC.

MEL BAY PUBLICATIONS, INC.

MEL BAY PUBLICATIONS, INC.

MEL BAY PUBLICATIONS, INC.

MEL BAY PUBLICATIONS, INC.

MEL BAY PUBLICATIONS, INC.

MEL BAY PUBLICATIONS, INC.

MEL BAY PUBLICATIONS, INC.

MEL BAY PUBLICATIONS, INC.

MEL BAY PUBLICATIONS, INC.

MEL BAY PUBLICATIONS, INC.

MEL BAY PUBLICATIONS, INC.

MEL BAY PUBLICATIONS, INC.

MEL BAY PUBLICATIONS, INC.

MEL BAY PUBLICATIONS, INC.

MEL BAY PUBLICATIONS, INC.

MEL BAY PUBLICATIONS, INC.

MEL BAY PUBLICATIONS, INC.

MEL BAY PUBLICATIONS, INC.

MEL BAY PUBLICATIONS, INC.

MEL BAY PUBLICATIONS, INC.

MEL BAY PUBLICATIONS, INC.

MEL BAY PUBLICATIONS, INC.

MEL BAY PUBLICATIONS, INC.

MEL BAY PUBLICATIONS, INC.

MEL BAY PUBLICATIONS, INC.

MEL BAY PUBLICATIONS, INC.

MEL BAY PUBLICATIONS, INC.

MEL BAY PUBLICATIONS, INC.

MEL BAY PUBLICATIONS, INC.

MEL BAY PUBLICATIONS, INC.